Serigne Ba

Faut-il "cloudifier" les applications des entreprises ?

Serigne Ba

Faut-il "cloudifier" les applications des entreprises ?

Éditions universitaires européennes

Impressum / Mentions légales

Bibliografische Information der Deutschen Nationalbibliothek: Die Deutsche Nationalbibliothek verzeichnet diese Publikation in der Deutschen Nationalbibliografie; detaillierte bibliografische Daten sind im Internet über http://dnb.d-nb.de abrufbar.
Alle in diesem Buch genannten Marken und Produktnamen unterliegen warenzeichen-, marken- oder patentrechtlichem Schutz bzw. sind Warenzeichen oder eingetragene Warenzeichen der jeweiligen Inhaber. Die Wiedergabe von Marken, Produktnamen, Gebrauchsnamen, Handelsnamen, Warenbezeichnungen u.s.w. in diesem Werk berechtigt auch ohne besondere Kennzeichnung nicht zu der Annahme, dass solche Namen im Sinne der Warenzeichen- und Markenschutzgesetzgebung als frei zu betrachten wären und daher von jedermann benutzt werden dürften.

Information bibliographique publiée par la Deutsche Nationalbibliothek: La Deutsche Nationalbibliothek inscrit cette publication à la Deutsche Nationalbibliografie; des données bibliographiques détaillées sont disponibles sur internet à l'adresse http://dnb.d-nb.de.
Toutes marques et noms de produits mentionnés dans ce livre demeurent sous la protection des marques, des marques déposées et des brevets, et sont des marques ou des marques déposées de leurs détenteurs respectifs. L'utilisation des marques, noms de produits, noms communs, noms commerciaux, descriptions de produits, etc, même sans qu'ils soient mentionnés de façon particulière dans ce livre ne signifie en aucune façon que ces noms peuvent être utilisés sans restriction à l'égard de la législation pour la protection des marques et des marques déposées et pourraient donc être utilisés par quiconque.

Coverbild / Photo de couverture: www.ingimage.com

Verlag / Editeur:
Éditions universitaires européennes
ist ein Imprint der / est une marque déposée de
OmniScriptum GmbH & Co. KG
Heinrich-Böcking-Str. 6-8, 66121 Saarbrücken, Deutschland / Allemagne
Email: info@editions-ue.com

Herstellung: siehe letzte Seite /
Impression: voir la dernière page
ISBN: 978-613-1-51988-8

Copyright / Droit d'auteur © 2014 OmniScriptum GmbH & Co. KG
Alle Rechte vorbehalten. / Tous droits réservés. Saarbrücken 2014

FAUT–IL CLOUDIFIER LES APPLICATIONS DES ENTREPRISES ?

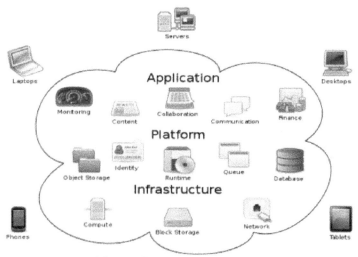

Cloud Computing

Entreprise d'Accueil : CACEIS BANK France

Maître de stage : Vincent MASSACRE vincent.massacre@caceis.com

Tuteur enseignant : Jean François BONNET bonjf@math-info.univ-paris5.fr

Université Paris DESCARTES - UFR Mathématiques et Informatique

Master 2 MIAGE 2011-2012

Serigne Abdou BA serigne.abdou.ba@gmail.com

16/03/2012

Remerciements :

Je remercie :
La direction et tous les enseignants du Master MIAGE de Paris DESCARTES, pour ces deux années d'étude et de partage d'expériences enrichissantes ;

Vincent MASSACRE de m'avoir accueilli au niveau du département Valeurs Mobilières de CACEIS BANK et pour la confiance qu'il m'a accordée en me confiant les missions de mon stage et de mon contrat de professionnalisation;

M. BONNET Jean François, mon professeur et tuteur-enseignant pour son suivi, ses conseils, ses critiques constructives et ses contributions à ce travail ;

Samuel RONFARD, Charles ANDRIANTSOA et Martine ROBERT, qui m'ont été d'une aide précieuse au sein de l'entreprise;

Et tout le service Opérations Sur Titres de CACEIS et particulièrement le pôle Gestion des Relations Opérationnelles pour le climat de convivialité qu'ils ont développé et qui a beaucoup facilité mon intégration.

Je dédie ce mémoire à toutes les personnes qui me sont chères et particulièrement à ma mère, ma femme pour sa patience et pour m'avoir poussé lorsque j'avais du mal à m'y mettre et surtout à mes deux enfants qui vont naitre à la fin du mois de mars si tout va bien.

Avant-propos

Dans le cadre de ma formation à l'Université Paris Descartes, j'ai effectué un stage de six (6) mois, du 1er Août 2011 au 31 Janvier 2012 suivi d'un contrat de professionnalisation allant du 13 janvier 2012 jusqu'au 31 août 2012 au CACEIS BANK qui est une filiale du groupe Crédit Agricole.

Durant mes six mois de stage, j'ai travaillé au département Valeurs Mobilières dans le service Opérations sur Titres (OST) et au pôle Support Métiers en tant que gestionnaire de projet pour une mission d'automatisation de la création des annonces d'Opérations Sur Titres et l'optimisation des statistiques du département Valeurs Mobilières.

L'objectif du stage est double :

- D'une part, mettre en pratique les enseignements dispensés en Master MIAGE pendant deux années d'études
- Et d'autre part, permettre à l'étudiant d'acquérir une expérience professionnelle qui facilitera son intégration dans milieu professionnel à l'issu de sa formation.

MEMOIRE

Résumé

Notre mémoire s'intéresse au Cloud Computing ou l'informatique dans les nuages qui semble être l'avenir de l'informatique vu que le nombre d'entreprises qui se sont déjà positionnées sur le Cloud ne cesse de s'accroitre.

L'objectif de notre étude est de voir si effectivement ces entreprises devront faire confiance à cette nouvelle technologie, qui préconise le « tout en ligne » et la délocalisation de masse des systèmes d'information, en externalisant leurs applications. Nous allons nous attarder successivement sur le Cloud Computing : ce qu'il est, d'où il vient, ses bases informatiques, à quoi il sert. Ensuite nous nous proposons d'étudier en détails ses avantages et ses inconvénients pour finalement en arriver à une phase d'analyse qui permettra aux entreprises de pouvoir bien faire leur choix d'aller ou de ne pas aller vers ce nouveau modèle qui repose sur l'hypothèse que son existence en entreprises est économique et qu'il permet d'améliorer la qualité des services informatiques.

Abstract

The purpose of our study remains the Cloud Computing. It seems to be the futur of computer science considering the number of companies getting more and more interested in it nowadays.

The aim of our research is effectively to see wether those enterprises should trust this new technology that lay the groundwork of only online use and of mass relocation of information systems, by externalising their applications. We will see gradually, in the following lines, the notion of CloudComputing itself, its origins, its computing bases, its orientations. After we will focus on its benefits and its limits before ending up with an exhaustive analysis which will undoubtly help companies in their choice towards this new concept.

SOMMAIRE

INTRODUCTION

Le monde actuel est marqué par une évolution très rapide de la technologie informatique. Aujourd'hui, force est de constater que l'actualité informatique est dominée par le concept « Cloud Computing ». Cependant je me demande s'il faut vraiment passer au Cloud en externalisant données et applications. C'est ainsi que j'ai choisi de parler de ce sujet qui a gagné rapidement en parts de marchés, même si à l'heure actuelle, il n'est pas complètement défini et des applications continuent à être inventées sur ce modèle. Pour y voir plus claire, je présenterai un panorama de définitions qui lui sont attribuées afin de pouvoir bien abordé ce sujet. J'essayerai ensuite de voir sur quoi se base ce modèle, les offres existantes, leurs caractéristiques, leurs points forts et points faibles avant de pouvoir répondre à la question posée.

La première partie de mon mémoire est donc une phase d'exploration du Cloud Computing qui exposera son état de l'art pour comprendre pourquoi il a un tel essor auprès des acteurs des Technologies de l'Information et de la Communication (TIC).

La deuxième partie sera donc une phase d'observation, de critique et surtout d'analyse qui permettra d'apporter une tentative de réponse à la problématique.

PREMIERE PARTIE : C'EST QUOI LE CLOUD COMPUTING ?

Introduction

Aujourd'hui force est de constater que le Cloud Computing est omniprésent dans toutes les actualités connectées au monde informatique. Cet essor du Cloud fait l'objet de nombreuses discussions, portant principalement sur des sujets comme « Faut-il passer au Cloud ou pas », au sein des entreprises. Je me propose donc de centrer mes recherches sur les enjeux de ce nouveau phénomène en me fixant comme objectif d'aborder la question ci-dessus qui formera le point d'entrée de mon travail.

Introduction au Cloud Computing

1.1 Définitions

De nombreuses définitions ont déjà été données au Cloud Computing. Elles divergent en pertinence comme en complexité, en fonction de l'angle d'approche adopté. Nous allons passer certaines en revue avant de proposer une définition simplifiée.

1.1.1 Selon une définition officielle de Washington

Le Cloud Computing est un modèle de paiement à la carte (pay-per-use) pour une mise à disposition simple et à la demande de ressources informatiques (par exemple : des réseaux, des serveurs, du stockage, des services, des applications). Ces ressources peuvent ainsi être provisionnées ou libérées avec un minimum d'efforts de gestion ou d'interaction avec le fournisseur de service. Ce modèle dit Cloud Computing favorise la disponibilité et comprend :

- cinq principales caractéristiques :
    - le self-service à la demande ;
    - l'accès ubiquitaire au réseau ;
    - l'agrégation des ressources indépendamment du lieu ;
    - l'élasticité rapide ;
    - le paiement à la carte.
- trois modèles de prestation :
    - le Cloud Logiciel comme un service ;
    - les plateformes de Cloud comme un service ;
    - l'infrastructure de Cloud comme un service.
- quatre modèles de déploiement :
    - Clouds Privés ;
    - Clouds Publics ;
    - Clouds Hybrides ;
    - Clouds Communautaires.

1.1.2 Selon Association Française des Editeurs de Logiciels (AFDEL)

Le Cloud Computing est un concept désignant de nouvelles pratiques et services numériques reposant sur l'utilisation d'Internet et de réseaux étendus et sur la mise en commun de ressources numériques et matérielles, qui se caractérisent par : une flexibilité immédiate, une possibilité de paiement à la demande et une virtualisation des systèmes, conférant ainsi une forte abstraction du service du point de vue l'utilisateur.

1.1.3 Selon Génération Nouvelles Technologies

Le Cloud Computing, ou informatique dans les nuages (ou en nuages) est un concept d'organisation informatique qui place Internet au cœur de l'activité des entreprises. Il permet d'utiliser des ressources matérielles distantes (serveurs, ordinateurs...) pour créer des services accessibles en ligne.

1.1.4 Selon AFUTT (Association Française des Utilisateurs de Télécommunication).

Le Cloud Computing « C'est un concept qui fait référence à l'utilisation d'un "nuage" de serveurs et d'ordinateurs répartis dans le monde entier, et liés par un réseau, tel Internet. Le concept du Cloud Computing est comparable à celui de la distribution de l'énergie électrique. L'hébergeur fournit une plateforme technique capable d'accueillir à peu près tout type d'application, et facture son service en fonction de la consommation des ressources. »

1.1.5 Notre avis

A la lecture de toutes ces différentes définitions il apparait clairement que donner une définition exhaustive au terme Cloud Computing s'avère difficile voire impossible. Cependant, qu'importe les définitions qui lui sont attribuées, elles expliquent un même concept selon lequel les entreprises externalisent leurs ressources informatiques à des prestataires qui leur délivrent des services à la demande via internet.

1.2 Historique du Cloud Computing

En réalité, le concept de Cloud n'est pas nouveau et il est présent depuis plusieurs décennies. Les E-mails basé sur le Web est un bon exemple de la façon dont beaucoup de personne y ont adhéré sans même s'en rendre compte. On en trouve les premières traces en 1960, quand John McCarty (le principal pionnier de l'intelligence artificielle, l'inventeur en 1958 du langage Lisp et créateur, avec Fernando Cobarto à la fin des années 1950, de la technique du temps partagé, qui permet à plusieurs utilisateurs d'employer simultanément un même ordinateur) affirmait que cette puissance de traitement informatique serait accessible au public dans le futur. Il semblerait que l'un des premiers pionniers du Cloud Computing est SalesForce en 1999 qui a proposé de fournir des applications pour les entreprises à partir d'un simple site web. Elle pouvait proposer à ses clients des applications grand public, mais suffisamment spécialisées pour chaque client. Le deuxième plus grand développement du Cloud Computing est les Web Services d' Amazon en 2002. Ce dernier propose de fournir une multitude de Web Services logés dans des Clouds qui comprend le stockage, le calcul et même de l'intelligence artificielle grâce à Amazon Mechanical Turk. Puis en août 2006, lors de la conférence Search Engine Strategies, Eric Schmidt, président exécutif de Google, présente un nouveau modèle architectural informatique où les données et les services seront hébergés quelque part sur le "Cloud". Le 24 août de la même année, Amazon annonce son nouveau service "Elastic Compute Cloud" (EC2) comme un Web Service commercial qui permet aux petites entreprises et aux particuliers de louer des ordinateurs à distance sur lesquels ils pouvaient faire tourner leurs propres applications.

C'est en 2008 que le Cloud Computing se répand et devient un concept phare en informatique avec le lancement, en octobre de cette même année, de la version commerciale d'EC2 d'Amazon. Entre 2008 et le premier semestre 2009, tous les autres grands acteurs du marché informatique, comme Google, Microsoft, IBM, HP, Dell, Sun, Cisco, VMware, Xen et Ubuntu ont rejoint le marché du "Cloud Computing" où ils ont lancé des projets liés à ce concept. Ainsi, le Cloud Computing fut annoncé pour la première fois dans le rapport annuel du Gartner qui étudie les technologies émergentes et il a atteint en cette même année de 2009 le sommet du « pic des attentes exagérées » et continue de conserver cette position jusqu'aujourd'hui comme les montrent les figures ci-dessus.

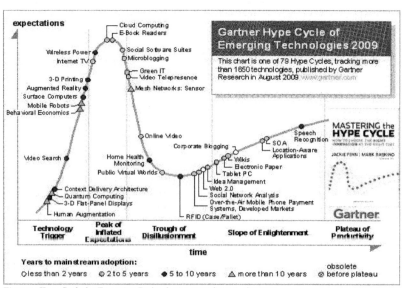

Figure1 : Hype Cycle for Emerging Technologies, 2009 Source : Gartner

Notre objectif pour ces schémas ce n'est pas de vous détailler les cinq phases (Lancement de la technologie, Pic des espérances, Phase de désillusionnement, Pente d'éclaircissement, Plateau de productivité) qui composent le cycle mais c'est seulement de vous prouver à travers des analyses sérieuses effectuées par le

Gartner que très rapidement le Cloud s'est fait un nom est devenu un eldorado de l'informatique.

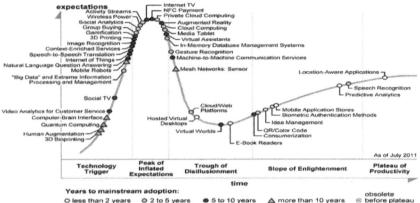

Figure 2 : Hype Cycle for Emerging Technologies, 2011 Source: Gartner (July 2011)

Après ce bref retraçage de l'historique du Cloud Computing, Nous allons à présent essayer de vous expliquer, dans les lignes qui suivent, sur quoi repose ce modèle.

Les bases informatiques du Cloud Computing

2.1 Interface de Service

L'interface de service qui est placée entre le fournisseur et le client est l'élément de différenciation du Cloud. Si aujourd'hui le Cloud semble être nouveau c'est principalement en raison de cette interface. Elle représente un contrat qui fait respecter la proposition de valeur décrite par des conditions tarifaires et des SLA (Service Level Agreement, que l'on pourrait traduire en français par accord de niveau de service ou contrat de niveau de service dans lequel on formalise la qualité du service en question). C'est elle qui sert de base à la concurrence car elle représente la valeur d'un fournisseur. Avec seulement un navigateur web et une carte bancaire, les clients sont capables de construire leur datacenter virtuel.

2.2 La virtualisation

Dans le contexte de l'informatique en nuage, la virtualisation est très importante pour la mise en service et le retrait rapide de serveurs. Elle sert à partitionner une ressource physique en plusieurs ressources virtuelles. En d'autres termes, la virtualisation fait référence à l'abstraction physique des ressources informatiques. Les disques virtuels, interfaces réseau virtuelles, réseaux locaux virtuels, commutateurs virtuels, processeurs virtuels, mémoire virtuelle, ect., correspondent tous à des ressources physiques sur des systèmes informatiques physiques.

Il existe de nombreux types de virtualisation : d'application, de plate-forme, de réseau et de stockage. C'est pourquoi elle est capitale pour le Cloud Computing. Elle permet de faire des économies significatives en matériel, énergie, en argent et peut être en personnel. Parmi les avantages de la virtualisation on peut citer encore :

- Minimiser les coûts matériels ;
    En évitant le fardeau de devoir acheter du matériel pour tout nouveau système.
- Fournir une restauration en cas d'accident ;
    Les machines virtuelles sont très fiables car elles se reposent pas sur du matériel physique susceptible de tomber en panne.
- Tester des logiciels
    L'utilisation de machines virtuelles offre l'opportunité de régler tout conflit ou problème potentiel avant de déployer les logiciels sur des systèmes serveur.
- Agrégation des charges d'inactivité
    L'utilisation de logiciels de virtualisation peut aider à la consolidation de serveurs afin d'utiliser de manière plus efficace le matériel tout en réduisant la consommation d'énergie et les coûts de maintenance.
- Déployer des serveurs plus rapidement
    En effet, il n'y a pas besoin de câbler, ni de brancher, ni de se préoccuper des capacités de refroidissement.
- Centraliser la gestion des serveurs
    Les nouveaux produits de virtualisation ont des consoles de gestion qui donnent aux administrateurs système une interface unique indépendante des systèmes d'exploitation pour gérer beaucoup de machines virtuelles.

2.3 Réseaux IP

Dans une infrastructure Cloud, le réseau non seulement connecte les utilisateurs Cloud, mais sert également à l'interconnexion interne du Cloud d'où lui aussi son rôle important. Mais pour une meilleure sécurité, il est préférable de mettre plusieurs réseaux en parallèle même si ça peut induire des coûts supplémentaires, ça évitera les multiples commutateurs disséminés tout au long des chemins de données et qui deviennent des points uniques de défaillance (SPOF, single points of failure).

2.4 Infrastructures

L'infrastructure informatique du Cloud est un est un assemblage de serveurs, d'espaces de stockage et de composants réseau organisés de manière à obtenir des serveurs plus fiables et qui affichent des coûts de fonctionnement moins élevés.

2.5 Logiciel

C'est le logiciel qui permet l'automatisation de la mise en service et le retrait d'un serveur. Il autorise la mise en œuvre de tous les aspects de la gestion, du développement des services, de la comptabilité et de la sécurité de l'infrastructure.

Ce modèle repose sur cinq principales caractéristiques que nous allons voir en détail dans les parties suivantes.

Les Principales caractéristiques du Cloud Computing

3.1 Le self-service à la demande

L'une des caractéristiques essentielles du Cloud Computing est le fait qu'on peut obtenir et libérer instantanément des ressources. Ceci passe nécessairement par une consommation en mode self-service via des portails Web qui permettent de définir ses besoins.

3.2 L'accès ubiquitaire au réseau

Les services de type Cloud sont accessibles au travers du réseau, qu'il s'agisse du réseau de l'entreprise pour un Cloud interne ou d'Internet (ou d'un accès VPN) pour un Cloud externe. Cet accès s'effectue au moyen de mécanismes et protocoles standards qui permettent l'utilisation des services Cloud depuis de multiples types de terminaux et depuis tout lieu.

3.3 L'agrégation des ressources indépendamment du lieu

Les ressources de calcul sont mises au service de tous les clients en utilisant un modèle multi-locataires, avec une assignation et une réaffectation dynamique des ressources physiques et virtuelles en fonction de la demande. Le client n'a généralement ni le contrôle ni la connaissance de la localisation exacte des ressources. Par exemple, ces ressources comprennent le stockage, le traitement, la mémoire, la bande passante du réseau et les machines virtuelles.

3.4 L'élasticité rapide

Comme indiqué dans le livre blanc (Livre_blanc_Osiatis_Cloud_Web) d'Osiatis, dans le Cloud, de nouvelles capacités peuvent être automatiquement mises à disposition des utilisateurs en cas d'accroissement de la demande. A l'inverse, elles peuvent être rapidement mises en sommeil lorsqu'elles ne sont plus nécessaires. Cette élasticité des services en nuage crée pour l'utilisateur final, l'illusion d'une capacité infinie qui peut être mise en service à tout moment. Cette caractéristique d'élasticité permet par exemple de faire face aux pics d'activité, que l'infrastructure interne d'une entreprise n'aurait pu absorber. Elle permet aussi d'envisager de nouvelles applications, par exemple des applications de calcul intensif nécessitant plusieurs centaines de machines pendant seulement quelques heures, applications que le coût d'une infrastructure interne aurait rendu impossible sans le Cloud. Comme l'explique Bernard Ourghanlian : « Virtuellement, la puissance est infinie ».

3.5 Le paiement à la carte

Les utilisateurs paient les ressources qu'ils utilisent en fonction de leur consommation réelle et précise.

Les différents modèles du Cloud Computing

Dans le but de pouvoir satisfaire le plus de client possible, une diversité de possibilité a été mise en place pour répondre aux besoins des uns et des autres. C'est ainsi que les fournisseurs proposent le Cloud sous différents modèles de déploiement. Nous allons, dans les paragraphes suivants passer en revue les quatre modèles suivants : le Cloud public, Cloud communautaire, Cloud hybride et le Cloud privé.

4.1 Le Cloud public

Dans le modèle Cloud Public l'infrastructure reste hébergée par le prestataire fournissant le service. Son usage est donc externe et elle peut être exploitée par un large public. En effet, le Cloud Public est capable de servir simultanément des millions d'utilisateurs appartenant à des entreprises différentes à partir d'une seule infrastructure partagée grâce à la mutualisation des ressources informatiques. Les données des clients peuvent donc se trouver mélangées sur des périphériques de stockage communs mais les fournisseurs mettent bien l'accent sur l'identité, les contrôles d'accès et le chiffrement.

4.2 Le Cloud communautaire

L'infrastructure de Cloud est partagée entre plusieurs organisations supportant une communauté précise et ayant des préoccupations communes. Elle peut être gérée par les organisations ou par une tierce partie. Le Coud communautaire promet d'offrir à de multiples d'entités indépendantes des avantages financiers d'un Cloud non public partagé tout en évitant les questions de réglementation ou de sécurité qui pourraient être associées à l'usage d'un Cloud public. Par exemple, lorsque plusieurs services gouvernementaux qui travaillent ensemble ont toutes leurs ressources de traitement localisées au sein de la même installation, ils peuvent faire des économies et améliorer la sécurité en réduisant le trafic qui passerait sinon par internet.

4.3 Le Cloud hybride

Environnement au sein duquel une organisation fournit et gère certaines ressources à domicile et d'autres de manière externe. L'infrastructure de Cloud est une combinaison de deux ou plusieurs infrastructures de Cloud (internes, communautaires ou publiques) qui demeurent des entités uniques, mais qui sont liées par une technologie brevetée ou standardisée qui permet la portabilité des données et des applications. Généralement le Cloud hybride est créé lorsqu'une entreprise met en place un Cloud privé interne (pour ses infrastructures critiques) et souhaite exploiter un autre Cloud public ou communautaire conjointement à son Cloud privé dans un but précis.

4.4 Le Cloud privé

Contrairement à un Cloud public, le Cloud privé est hébergé en interne. En général l'infrastructure de Cloud n'est exploitée que par une seule organisation. Il n'y ait aucun mélange des données ni partages des ressources avec des entités externes. Elle peut être gérée par l'organisation elle-même (Cloud Privé interne) ou par un tiers (Cloud Privé externe). Dans ce dernier cas, l'infrastructure est entièrement dédiée à l'entreprise et accessible via réseaux sécurisés. Toutefois, beaucoup de gens pensent que certains aspects de la sécurité d'un Cloud public ne concernent pas le Cloud privé alors que pour ce dernier la sécurisation de l'environnement de virtualisation doit être abordée tandis que dans une Cloud public on laisse cette charge au fournisseur.

Nous allons à présent passer à l'étape qui va intéresser le plus aux entreprises futures utilisatrice de l'informatique dans les nuages. Cette étape consistera à étudier les différents services qu'offrent les fournisseurs de Cloud aujourd'hui.

Les services du Cloud Computing

Actuellement nous avons trois modèles d'usage du Cloud Computing qui sont : le Cloud d'infrastructure (Infrastructure as a Service), le Cloud applicatif (Platform as a Service) et le logiciel à la demande (Software as a Service) comme le montre le schéma ci-dessous.

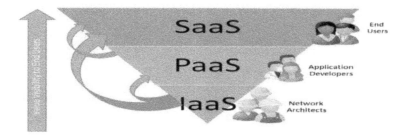

Figure3 : Le modèle pyramidal SAAS, PAAS, IAAS Source : http://icp.ge.ch/sem/cms-spip/spip.php?article962

5.1 Infrastructure as a service (IaaS)

Dans un premier temps, les fournisseurs ont mis en place un socle d'infrastructure virtualisée, distribuée et automatisée capable de répondre aux exigences de mise en production des applications de l'entreprise. Ceci donne la possibilité aux clients de bénéficier à la demande d'une infrastructure matérielle leur fournissant une capacité de traitement sans avoir à le gérer. Pour ce modèle de Cloud l'entreprise cliente maintient : les applications, les runtimes, l'intégration SOA (architecture orientée service), les bases de données, le logiciel serveur et tandis qu'au fournisseur Cloud, il maintient la virtualisation, le matériel serveur, le stockage et les réseaux.

Exemples de fournisseurs d'IaaS : Web Services d'Amazon (Amazon EC2 http://aws.amazon.com/fr/ec2/#functionality) et Cloud service de RackSpace (http://www.rackspace.com/Cloud/Cloud_hosting_products/servers/).

5.2 Platform as a service (PaaS)

Le PaaS est une évolution du modèle IaaS. En effet, outre l'infrastructure, il fournit aussi une plateforme applicative permettant aux développeurs et aux utilisateurs d'exécuter leurs applications (.Net, Java, Ruby, PHP...). Dans ce type de service l'entreprise client maintient uniquement les applications et le fournisseur Cloud maintient : les runtimes, l'intégration SOA, les bases de données, le logiciel serveur, la virtualisation, le matériel serveur, le stockage et les réseaux.
Quelques exemples d'infrastructure PaaS connus sont : Azure de Microsoft (http://www.microsoft.com/france/windows-azure/fonctionnalites/default.aspx), Force.com de Salesforce (http://www.force.com/why-force.jsp) ou App-Engine de Google(http://code.google.com/intl/fr-FR/appengine/docs/whatisgoogleappengine.html).

5.3 Software as a service (SaaS)

Le SaaS est l'ultime modèle de Cloud qui propose à une entreprise d'accéder à une application en mode hébergé sans avoir à se préoccuper de la plate-forme d'infrastructure ni de la plate-forme logicielle. L'entreprise cliente ne maintien rien elle n'a pas besoin de comprendre ni d'être concernée par l'infrastructure. Les sites web auxquels on accède et qui fournisse à l'utilisateur une application ou un service peuvent être considérer comme un SaaS. Exemples d'application SaaS sont le CRM de SalesForce, Office 365 de Microsoft, l'offre ITSM SaaS d'Osiatis, Microsoft SharePoint etc.
Aujourd'hui certains opérateurs Cloud commencent à proposer des SaaS métiers : c'est le cas de Salesforce qui, dans son catalogue de la plateforme AppExchange, dispose de solutions dans les secteurs de Télécommunications, Education, Santé, Média, Pharmacie etc.

5.4 Résumé des architectures IaaS, PaaS, SaaS

Pour une vision plus globale des différentes architectures, voici un tableau récapitulatif permettant de bien scinder les différences qui existent entre ces modèles de service qui présentent chacun ses propres avantages.

Figure4 : Source : Osiatis

Vu la complexité des services fournis par le Cloud Computing, les fournisseurs se sont très vite spécialisés pour être à la hauteur des technologies de pointes qui sont utilisées dans ce nouveau modèle de service informatique. Ainsi, vous trouverez ci-dessous une image avec la répartition des acteurs selon les modèles de service.

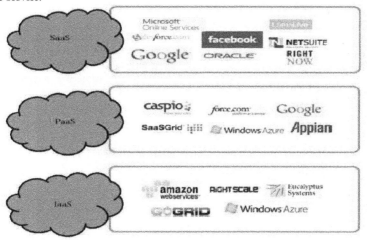

Figure5 : Source Livre blanc de l'école polytechnique universitaire de Lyon1

L'exemple d'Amazon Web Services (AWS)

AWS est la première offre IaaS disponible. C'est pourquoi certains disent que c'est grâce à son service Elastique Cloud Computing (EC2) que le Cloud est devenu populaire. AWS offre toute une palette de services d'infrastructure. La figure 6 présente la terminologie d'AWS, et met en évidence les interactions entre une application et les différents services AWS, ainsi que les interactions entres les services eux-mêmes.

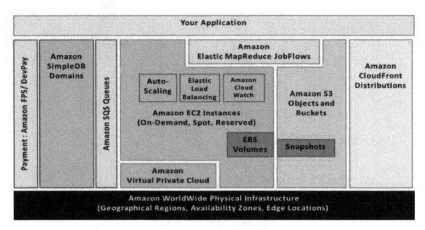

Figure6 : L'architecture d'AWS (source Amazon Web Services blog)

Amazon Elastic Compute

Cloud (Amazon EC2) fournit une capacité de calcul redimensionnable dans le nuage. Il est conçu pour faciliter l'accès aux ressources informatiques à l'échelle du Web, pour les développeurs. Il est donc le service d'exécution des machines virtuelles.

Elle fournit un contrôle complet des ressources informatiques et permet d'exécuter des applications sur l'environnement informatique d'Amazon. Amazon EC2 réduit le temps requis pour obtenir et démarrer de nouvelles instances de serveurs à quelques minutes, ce qui vous permet de rapidement dimensionner la capacité, de l'augmenter et de la diminuer, au fur et à mesure des modifications de vos besoins de calcul. Amazon EC2 change l'aspect financier de l'informatique en vous permettant de ne payer que pour la capacité que vous utilisez effectivement. Il est basé sur la technologie Open Source Xen propriété de Citrix.

Amazon FPS

Flexible Payments Service est un service de paiement en ligne. Son avantage par rapport à ses concurrents (Paypal et de Google Checkout) c'est d'utiliser les comptes existants d'Amazon, ce qui permet aux utilisateurs de ne pas remplir à nouveau toutes les données exigées lors des transactions.

Amazon DevPay

Amazon DevPay est un service de gestion de compte et de facturation simple à utiliser qui vous permet de vendre des applications développées ou exécutées en plus d'Amazon Web Services.

Amazon SimpleDB

Amazon SimpleDB est un stockage de données non relationnel combinant flexibilité et haute disponibilité, et déchargeant le client des tâches d'administration de base de données. Les développeurs stockent et récupèrent simplement leurs éléments de données en effectuant des requêtes auprès des services Web, et Amazon SimpleDB fait le reste.

Amazon Simple Queue Service

Amazon SQS est une file d'attente fiable, hautement évolutive et hébergée pour stocker les messages alors qu'ils se déplacent entre les ordinateurs. Avec Amazon SQS, les développeurs peuvent déplacer des données entre les composants distribués de leur application qui effectue différentes tâches, sans perdre de messages ou exiger la disponibilité de chaque composant.

Amazon Elastic MapReduce

Amazon Elastic MapReduce est un service Web qui permet aux commerces, aux chercheurs, aux analystes de données et aux développeurs de traiter aisément et économiquement de grandes quantités de données. Il utilise un logiciel hébergé Hadoop s'exécutant sur l'infrastructure Amazon EC2 et d'Amazon Simple Storage Service (Amazon S3) à l'échelle du Web.

Amazon Virtual Private Cloud

Amazon VPC permet de mettre en service une section privée et isolée du Cloud Amazon Web Services (AWS) où on peut lancer des ressources AWS dans un réseau virtuel définit. Avec Amazon VPC, on peut aussi définir une topologie virtuelle de réseau qui ressemble étroitement à un réseau traditionnel qu'on pourra faire fonctionner dans notre propre centre de données. Nous bénéficions d'un contrôle total sur notre environnement virtuel de réseau, y compris la sélection de notre propre plage d'adresses IP, la création de sous-réseaux et la configuration de tables de routage et de passerelles entre réseaux.

Amazon CloudWatch

CloudWatch fournit une surveillance pour les ressources de nuage AWS et les applications que les clients exécutent sur AWS. Les développeurs et les administrateurs système peuvent l'utiliser pour collecter et suivre les mesures, approfondir leur connaissance et réagir immédiatement pour maintenir la fluidité de leurs applications et de leurs activités. Amazon CloudWatch surveille les ressources AWS telles que les instances Amazon EC2 et Amazon Relational Database Service (qui facilite l'installation, l'exploitation et le dimensionnement d'une base de données relationnelle dans le nuage), et peuvent aussi surveiller les mesures personnalisées générées par les applications et services d'un client.

Avec Amazon CloudWatch, vous gagnez une visibilité à l'échelle du système sur l'utilisation des ressources et la performance de l'application.

Auto Scaling

Auto Scaling permet d'augmenter ou diminuer automatiquement la capacité Amazon EC2 selon les conditions que nous définissons. Avec Auto Scaling, on peut s'assurer que le nombre d'instances Amazon EC2 qu'on utilise augmente de façon continue durant les pics de demandes pour maintenir la performance, et diminue automatiquement durant la baisse des demandes pour minimiser les coûts. Auto Scaling convient particulièrement bien aux applications qui connaissent des variations horaires, journalières, ou hebdomadaires d'utilisation. Il est activé par Amazon CloudWatch et disponible sans frais supplémentaires, au-delà des frais d'Amazon CloudWatch.

Elastic Load Balancing (ELB)

ELB distribue automatiquement un trafic d'application entrant à travers de multiples instances Amazon EC2. Il permet d'équiper les applications d'une plus grande tolérance à la défaillance, sans heurts, en fournissant la quantité de capacité d'équilibrage de charge nécessaire en réponse au trafic d'application entrant. Elastic Load Balancing détecte les instances qui ne sont pas saines à l'intérieur de son réservoir et change l'itinéraire du trafic vers des instances saines jusqu'à ce que les instances qui ne sont pas saines soient restaurées. Les clients peuvent autoriser Elastic Load Balancing à l'intérieur d'une seule zone de disponibilité ou à travers des zones multiples pour des performances d'application encore plus cohérentes.

Amazon Simple Storage Service

Amazon S3 est un service de stockage pour Internet. Il est conçu pour faciliter l'accès aux ressources informatiques à l'échelle du Web, pour les développeurs. Amazon S3 offre une simple interface de services Web à utiliser pour stocker et récupérer n'importe quelle quantité de données, à tout moment, de n'importe où sur le Web. Il permet aux développeurs d'accéder à la même infrastructure hautement évolutive, fiable, sûre, rapide, et peu coûteuse qu'Amazon utilise pour faire fonctionner son propre réseau mondial de sites.

Conclusion de la première partie

Durant cette première partie, nous nous sommes attelés à déchiffrer ce nouveau concept, qui a fait et qui continu de faire couler beaucoup d'encre et de salive, notamment en le passant en revue quelques définitions qui lui sont attribuées pour ensuite le définir. Nous avons retracé son origine, montré ses bases informatiques, listé ses caractéristiques, expliqué ses modèles et services avant de finir par exposer un exemple concret des services qu'offrent un des principaux promoteurs du Cloud Computing, Amazon.

Il est désormais temps de comprendre pourquoi le Cloud Computing a gagné si soudainement l'intérêt qu'on lui connait aujourd'hui et les risques qui sont liés à ce nouveau phénomène afin de pouvoir décider s'il faut vraiment passer au Cloud ou pas. Ceci fera l'objet de notre deuxième partie.

DEUXIEME PARTIE : FAUT-IL CLOUDIFIER ?

Introduction

Après avoir bien expliqué le Cloud Computing, il est temps maintenant de passer aux faits concrets. Je vais à présent lister les avantages et les inconvénients de ce nouveau concept, faire une proposition de méthodes pour débuter avec le Cloud avant de finir avec des propositions de solutions s'il y a lieu.

Les avantages

1. Les apports du Cloud Computing pour le fournisseur

1.1 Contexte économique

Le domaine du Cloud Computing permettant par nature des économies de masse, il est évident que c'est une très bonne opportunité de réduire les coûts et d'augmenter les marges partout où cela est encore possible. La plupart des informaticiens adorent travailler avec des technologies récentes et la plupart des managers adorent réduire les couts liés aux développements informatiques. Avec le Cloud, La boucle semble donc être bouclée.

1.2 Le fournisseur devient indépendant

Le Cloud change considérablement la donne. En effet, le client n'a bien souvent pas à interagir dans les processus de conception du logiciel. Ce dernier étant généralement pensé pour le plus grand nombre et rarement conçu pour un seul client. En général, la solution est construite en amont de toute intervention de potentiels clients, ce qui réduit les aménagements spécifiques à chaque client qui représentent la difficulté de toute application. En outre, le fournisseur garde un contrôle complet sur son architecture, harmonise son parc de machines grâce aux IaaS et PaaS et puisqu'il héberge lui-même ses applications, il peut désormais facturer à ses clients non seulement l'utilisation mais également l'hébergement de la solution. En fin, nous savons tous que l'une des grosses difficultés du modèle traditionnel est de convaincre l'utilisateur de mettre à jour son application alors qu'avec ce nouveau modèle de Cloud ce problème ne se pose plus du tout.

1.3 Neutraliser le piratage

Etant donné que les applications SaaS sont centralisées et immatérielles, le problème du piratage devient une variable relativement inoffensive pour le fournisseur d'application qui possède la seule version fonctionnelle du logiciel existante.

2. Bénéfices pour l'entreprise utilisatrice

2.1 La réduction les coûts

Dans le modèle du Cloud le logiciel n'est pas la propriété du client mais bien du fournisseur. C'est donc à ce dernier qu'incombe la responsabilité de maintenir, dépanner, mettre à jour et surveiller les infrastructures et applications. En temps qu'entreprise, cela signifie que vous n'avez tout simplement plus à feuiller de lourds plannings et guides d'implémentation de centaines de pages uniquement dans le but de comprendre comment installer et maintenir efficacement le logiciel que vous venez d'acheter. L'entreprise est désormais épargné de certains coûts comme :

Le prix du parc utilisateur
Les évolutions régulières des logiciels sont à l'origine des coûts importants liés aux changements de configuration des serveurs et des postes utilisateurs.

Le prix et la maintenance du parc serveur
Il est avéré qu'un hébergement de qualité nécessite au moins :
Une alimentation en électricité redondante ;
Un ou deux centres de données avec un ou deux équipes d'exploitation;
Des « salles blanches » équipées et climatisées ;
Des armoires de serveurs ;
Un système de badges de sécurité pour réglementer l'accès ;
Un groupe électrogène en cas de coupure d'électricité ;
Un système d'injection de gaz pour étouffer les flammes en cas d'incendie ;
Etc ;
Ensuite pour éviter une corruption ou des pertes de données ou encore des pertes de performances au niveau des applications, il est important de disposer une plateforme de test sur laquelle on éprouve le protocole de mise à jour et ceci est vraiment coûteux.
Enfin selon Guillaume PLOUIN, dans son livre intitulé « Cloud Computing Une rupture décisive pour l'informatique d'entreprise », le coût électrique d'un centre de données est très conséquent à tel point que le matériel informatique représente aujourd'hui 1,2% de la consommation électrique des Etats-Unis et on estime même que la consommation de l'informatique égalera à celle des hommes d'ici 23 ans.

Le coût du parc de postes de travail
Le coût du parc de postes de travail : Parmi les principales sources de coût dans le domaine informatique on peut citer également l'obsolescence rapide du matériel même si aujourd'hui beaucoup d'entreprises penchent sur le remplacement des postes de travail classiques sous Microsoft Windows par des clients légers (utilisant des protocoles de déport d'écran comme Citrix ou Microsoft Remote Desktop Protocol) ou des netbooks. Mais il faut noter que le modèle Cloud autorise le déploiement massif de tels postes de travail à moindre coût. En effet, les applications SaaS ont des interfaces RIA (Remote Interface Application) qui fonctionnent avec ces deux types d'appareils.
Une fois de plus, le Cloud Computing montre sa force lorsqu'il s'agit d'externaliser les tâches non pertinentes des différents services d'une entreprise. En l'occurrence, les tâches de maintenance informatique qui plombent en général durablement les budgets informatiques.

Selon Forrester Reasearch Inc. « Software Licensing and Pricing », « *Les dirigeants des entreprises nord-américaines indiquent qu'ils continueront à dépenser en moyenne 29 % du total de leurs budgets sur les coûts liés à des logiciels (licences, maintenance, exploitation et développement) en 2008. Malheureusement, une partie critique de leur budget continue d'être gaspillée sur les frais de maintenance qui représentent 33 % de l'ensemble du budget logiciel* »

Bénéfice des tarifications
Le modèle Cloud fonctionne à la manière de celui d'un opérateur ADSL qui facture un abonnement mensuel et fait payer à l'usage les communications vers les mobiles. Cependant il faut noter que les mises à jour sont incluses dans le service : il n'est plus donc nécessaire de racheter un droit d'usage toutes les années comme avant et cela peut être une source de bénéfice réel. En délocalisant les logiciels et leur maintenance à un fournisseur, les entreprises réalisent une économie sur les infrastructures internes et surtout sur le personnel informatique. Cela permet aux entreprises de mieux se concentrer sur leur corps de métier. De ce fait, les sommes économisées au travers de cette délocalisation sont soit réallouées à d'autres services soit tout simplement économisées sur le long terme. De ce fait, en relation directe avec les tarifications alternatives plus avantageuses et le fait de ne plus avoir besoin de personnel qualifié en interne pour s'occuper des logiciels et leur maintenance, on trouve la réduction importante des effectifs au niveau des pôles informatiques.
En conclusion, tous ces points amènent à un allègement des soucis internes liés au software.

Connexion à distance
Un autre avantage non négligeable est le fait que l'employé peut continuer à faire partie de son entreprise lorsqu'il ne s'y trouve pas, il peut également continuer à accéder à ses dossiers/projets depuis chez lui et être prévenu de tout problème. Il n'est plus non plus nécessaire de prévoir des outils de synchronisation pour les personnels mobiles et des protections contre la sortie de documents du cadre professionnel, la délocalisation et la dématérialisation du système d'information d'une entreprise peut rendre beaucoup de services.

Le « green IT »
Selon une définition de Wikipédia, « green IT » signifie en français mot à mot « informatique verte », plus largement « informatique éco-responsable ». Le concept désigne un état de l'art informatique qui vise à réduire l'empreinte écologique, économique, et sociale des technologies de l'information et de la communication (TIC). Il s'agit d'une manière globale et cohérente de réduire les nuisances rencontrées dans le domaine des équipements informatiques et ce, « du berceau jusqu'à la tombe » de chaque équipement : soit aux différents stades de fabrication, d'utilisation (consommation d'énergie) et de fin de vie (gestion/récupération des déchets, pollution, épuisement des ressources non renouvelables).

De nos jours beaucoup d'entreprises sont sensibles à l'impact environnemental de l'informatique. Une grande partie de cet impact est liée à la consommation énergétique des poste de travail et une autre grande partie est elle aussi liée au gaspillage énergétique des datacenters. Les acteurs du Cloud sont assez avancés dans la réduction de ces impacts. En effet, ils ont des dispositifs de ventilation mieux optimisés et ils commencent à utiliser des énergies renouvelables dans leurs datacenters et les interfaces RIA qu'ils utilisent permettent de déployer des postes de travail allégés, moins gourmands en ressources.

Recentrage sur le métier

Le modèle Cloud permet à l'entreprise de recentrer ses efforts sur son cœur de métier. En effet, toutes les ressources et compétences de la DSI se consacrent alors à améliorer l'agilité du système d'information et les collaborateurs de la DSI travailleront sur des problématiques plus intéressantes que, par exemple, du dépannage du serveur de messagerie et ils auront une meilleure connaissance métier qui leur permettra d'évoluer vers un poste moins technique s'ils le souhaitent.

La sécurité

Puisque dans le Cloud les données sont stockées sur la plateforme de l'opérateur et non pas sur le poste de travail qui est devenu une simple interface, beaucoup de risques, tels que la perte de données critiques ou l'accès par des personnes non habilités à des données confidentielles suite à une perte ou panne d'un ordinateur, sont alors écartés.

La liste des avantages, cités ici, que nous procure le Cloud Computing est loin d'être exhaustive. En effet on pouvait continuer à développer d'autres avantages tels que ceux qui sont liés aux utilisateurs (ergonomie et évolutivité des applications SaaS, la qualité de service et sa disponibilité, l'accessibilité des applications même en dehors de l'entreprise) et aux informaticiens (beaucoup plus d'agilité pour la production, se débarrasser des taches d'exploitation et de mise à jour, plus de temps pour penser le système d'information, etc.). Cependant, nous préférons en rester là et montrer que tout n'est rose chez Cloud, comme il semble bien l'être avec ses nombreux avantages. Pour ce faire, nous allons, dans les lignes qui suivent, essayer de détailler le plus largement possible ses inconvénients.

Les inconvénients

Compte tenu de ses nombreux avantages, on pourrait imaginer qu'il n'existe pas d'inconvénients à se lancer sur ce nouveau modèle mais malheureusement cela n'est tellement pas le cas. Nous allons encore nous placer du côté du fournisseur pour voir sur quoi le Cloud Computing n'est pas avantageux.

Inconvénients du côté du fournisseur

1.1 La Technologie

Les fournisseurs de service Cloud devront faire face à des technologies très pointues. En effet, certaines choses telles que le caractère multi-locataire des applications SaaS, l'approvisionnement et la flexibilité, l'isolement des clients, la sécurité pour ne citer qu'elles, peuvent être très difficiles à concevoir et à programmer.

1.2 Défaillances

Lorsque l'on étudie de près les raisons pour lesquelles certaines entreprises restent réfractaires à l'adoption du Cloud Computing, les défauts de service sont parmi les deux principales. Une étude de juin 2009 par l'Information Technology Intelligence Corp. (ITIC) affirme ceci : « *La sécurité se trouve en tête de liste des préoccupations et des garanties que les entreprises s'attendent à obtenir d'un fournisseur de services si leurs firmes avaient à implémenter le modèle du Cloud Computing. Un écrasant 83% des répondants affirment avoir besoin de garanties spécifiques pour protéger leurs données critiques avant de les soumettre au Cloud. De plus, pratiquement les trois-quarts ou 73% des répondants auraient également besoin d'une garantie concernant les temps de réponse des services techniques et de support. Presque deux tiers des répondants désirent en plus un temps de réponse et de latence maximal autorisé et déclarent vouloir des accès multiples vers et depuis l'infrastructure Cloud Computing.* »

Il existe plusieurs situations pouvant amener une application en tant que service à devenir indisponible. Généralement, l'application devient injoignable de façon globale, mais il peut également arriver que seules certaines régions du monde se voient couper l'accès à leurs applicatifs. L'exemple ci-dessous de Google en février 2009 en est une parfaite illustration.

« *Beaucoup de gens nous demandent ce qui s'est passé, alors nous avons pensé que vous aimeriez avoir une explication. Ce matin, il y avait une maintenance de routine dans l'un de nos datacenters européens. Cela ne cause généralement aucun problème puisque les comptes sont simplement servis depuis d'autres datacenters pendant ce temps. Cependant, un effet de bord inattendu d'un nouveau code qui essaye de garder les données de chaque client proche de son lieu géographique a alors provoqué la surcharge d'un autre datacenter en Europe, ce qui a entraîné des problèmes en cascade d'un datacenter à l'autre. Cela nous a pris un peu plus d'une heure pour tout remettre en marche.* »

En outre, Le 6 janvier 2009, Salesforce.com a laissé plus de 900 000 clients sans service (et sans leurs applications) durant 38 minutes. La cause du problème a plus tard été identifiée comme étant une défaillance d'allocation mémoire dans les serveurs principaux et de sauvegarde. Ce problème a entraîné l'arrêt du traitement des données au Japon, en Europe et en Amérique du nord. Tous les services ont été remis en ligne en l'espace de deux heures et demie, mais cela n'a pas empêché plus de 177 millions de transactions d'échouer pendant ce temps.

Et en fin, Le 20 juillet 2008, le géant de l'Infrastructure as a Service, Amazon et son S3, ont été obligés de redémarrer l'ensemble du système. La compagnie a décrit le problème en ces mots : *En tant que système distribué, les différents composants de S3 ont besoin d'être au courant de l'état de chacun d'entre eux. Par exemple, cette connaissance permet au système de décider quelles routes emprunter parmi les différentes routes redondantes entre les serveurs de stockage physiques. Nous avons souffert d'un problème avec ces communications internes, laissant les composants sans possibilité d'interagir entre eux et les clients sans possibilité de contacter le système. L'équipe a déterminé qu'il fallait alors passer la totalité du système hors-ligne afin de restaurer les communications et remettre le service d'aplomb. Ce sont des systèmes sophistiqués et cela prend généralement du temps pour comprendre d'où vient le problème dans une telle situation.*

Tous ces exemples prouvent bien que personne, même les plus grands ne sont à l'abri de ce genre de mésaventures. Voilà pourquoi il est extrêmement difficile en tant que fournisseur d'applications d'assurer une qualité de service à toute épreuve.

1.3 Piratage

Actuellement les fournisseurs de Cloud ne sont pas épargnés des risques de piratage qui peuvent être très grave pour eux. Par exemple, le 16 juillet 2009, un pirate surnommé Hacker Croll est parvenu à accéder à de nombreux documents confidentiels de la société qui exploite Twitter. Il a envoyé les éléments à des médias en ligne dont TechCrunch qui assure détenir une documentation dense sur les activités de Twitter. Le vol aurait été commis en piratant notamment les comptes Gmail de plusieurs employés et en exploitant la faiblesse des mots de passe choisis et des failles dans le système de récupération de ces derniers. Les informations dérobées vont de la liste des employés et leurs préférences alimentaires à des numéros de cartes de crédit, des documents internes, des contrats confidentiels ou des informations financières. Des données sensibles que le site TechCrunch a commencé à publier en ligne, contre l'avis d'une majorité d'internautes. Dans un email, Hacker Croll a expliqué ses motivations ainsi : « Les plus grands font des sottises plus grandes qu'eux sans pour autant s'en apercevoir et j'espère que mon intervention leur fera prendre conscience que nul n'est à l'abri sur le net. Si j'ai fait cela c'est dans le but de sensibiliser ces personnes qui pensent être plus en sécurité que de simples internautes novices. » Ce genre d'attaque est déjà assez grave en soit, mais lorsque l'on ajoute une couche de Cloud Computing entre l'attaquant et les données convoitées, la situation devient beaucoup plus critique. Que pourrait-il se passer si un individu mal intentionné accédait à l'infrastructure d'un fournisseur d'infrastructures ? Il pourrait probablement obtenir un accès à toutes les informations confidentielles non plus uniquement de la société responsable de l'infrastructure, mais également à celles de tous les clients hébergés sur l'infrastructure en question.

Inconvénients du côté de l'entreprise utilisatrice

Malgré tous les avantages du système, il existe un certain nombre de zones d'ombre non-négligeables à prendre en compte. En voici quelques-unes abordées.

La confidentialité des données

La confidentialité des données est un élément très important et à prendre avec beaucoup de considération et de manière très rationnelle. Lorsqu'on présente pour la première fois le modèle Cloud à une entreprise, sa première réaction tourne invariable autour de la confidentialité des données. Je me rappelle de la première fois que j'ai parlé de mon sujet de mémoire à mon tuteur d'entreprise, il avait cette même réaction et était persuadé, qu'en tant que banque, on doit conserver nos données informatiques dans nos locaux pour assurer leur sécurité.

Et pourtant les entreprises, même les banques y compris, utilisent les services de prestataires pour héberger leurs applications web et leurs extranets clients et nous savons tous que pour ce faire, des données critiques de l'entreprise et de ses clients transitent par ces tiers. Cependant je me demande pourquoi faire confiance à ses hébergeurs et non aux opérateurs de Cloud du moment où ils s'engagent tous juridiquement au travers des règles de confidentialités ?

Nous n'avons pas l'intention de défendre le Cloud ou de minimiser le risque sur la confidentialité des données, mais nous menons seulement une analyse.

D'autre part, les entreprises ont bien raison de se méfier de ce nouveau concept. En effet, l'externalisation des données nécessite des « analyses de risque » qui intégreront des possibilités d'écoute sur internet comme par exemple le réseau de surveillance ECHELON (Echelon est un nom de code utilisé pendant de nombreuses années par les services de renseignements des États-Unis pour désigner une base d'interception des satellites commerciaux. Par extension, le Réseau Echelon désigne le système mondial d'interception des communications privées et publiques (SIGINT), élaboré par les États-Unis, le Royaume-Uni, le Canada, l'Australie et la Nouvelle-Zélande dans le cadre du traité UKUSA. Wikipédia).

Les problèmes d'achat

On a vu en plus haut le paiement à la carte, les utilisateurs paient les ressources qu'ils utilisent en fonction de leur consommation réelle et précise. Les moyens de paiement sont souvent les solutions d'achats des sites de commerce alors que ce modèle ne convient pas aux grandes entreprises alors que pour les fournisseurs à quelques exceptions tout doit se passer par le web c'est l'objectif du self service qui fait partie des caractéristiques de Cloud.

En cas d'indisponibilité de l'internet

Une question pertinente à savoir que se passerait-il si vous avez besoin d'accéder à des données de façon urgente et que votre connexion Internet est hors-service, vous aurez beaucoup de mal à vous en sortir. Un certain nombre de fournisseurs essayent de contourner le problème en fournissant des moyens de continuer à utiliser leurs applications même en mode hors-ligne (Google Gears

par exemple),   mais vous aurez forcément besoin de vous reconnecter tôt ou tard en vue de resynchroniser vos données avec les serveurs distants.

Les problèmes juridiques

Un autre aspect qui limite les possibilités de recours au Cloud est la réglementation. En effet, dans certains secteurs comme le nôtre (la banque), les entreprises sont tenues de respecter des contraintes légales et doivent considérer les réglementations sur les données personnelles, encadrées par la CNIL (Commission nationale de l'informatique et des libertés), ou les données sectorielles (cf lois Sarbanes-Oxley, suite du scandale Enron). Souvent les fournisseurs de Cloud ne sont pas claires sur la localisation des données ce qui vient par la suite compliquer la donne. En effet il est souvent difficile de déterminer le droit applicable : celui du client ou du pays d'hébergement des données ou du fournisseur.

Il faut donc bien clarifier ses engagements aux fournisseurs, bien négocier le contrat pour qu'il respecte le droit du client et non celui du fournisseur qui est souvent américain. Selon le fournisseur, le contrat peut varier. Par exemple, pour Amazon le client peut choisir de stocker ses données en Europe (Irlande) ce qui pourrait simplifier les problèmes juridiques. Par contre dans le cas de Google on est amené à contractualiser avec une société de droit américaine sans savoir où seront stockées les données.

Pour terminer, nous pensons aussi que la loi anti terroriste, Patrio Act (qui signifie : *Uniting and Strengthening America by Providing Appropriate Tools Required to Intercept and Obstruct Terrorism Act* ou en français : *Loi pour unir et renforcer l'Amérique en fournissant les outils appropriés pour déceler et contrer le terrorisme*), votée à la suite des attentats du 11 septembre complique davantage les choses. En effet, cette loi permet à l'administration américaine d'accéder à la base des données de toute entreprise ayant son siège aux Etats-Unis.

Inconvénients de la virtualisation

La virtualisation des systèmes d'information avec tous les avantages qu'elle offre, présente pour l'entreprise un risque considérable. En effet, cette dépense à l'extérieur peut dans un certain cas favoriser l'instabilité au sein d'une organisation et rendre difficile le contrôle des opérations. Lorsque le fournisseur montre des signes de faiblesse, l'activité de l'entreprise risque de s'arrêter ou de ralentir et dans ce cas de figure l'entreprise cliente ne pourra rien faire pour se sauver. Voici ci-dessous un cas pratique très marrant que j'ai trouvé sur internet :

« En 2007, Streamload était l'une des sociétés les plus agressives sur le marché, offrant jusqu'à 25 Go de stockage à tout utilisateur « gratuit » du système. De nombreuses personnes ont évidemment afflué, attirées par la curiosité et surtout par la perspective d'un espace de stockage aussi important gratuitement. Avant même quelques jours, Streamload était devenu MediaMax, et pourtant le service ne semblait pas avoir changé. Le service fonctionnait relativement correctement et beaucoup d'utilisateurs vouaient alors une confiance aveugle dans le système en y stockant de nombreux gigaoctets de données. Quelques semaines plus tard, les utilisateurs du site ont alors remarqué que MediaMax était désormais devenu TheLinkup sans aucune communication auprès de leurs client. Ce n'est qu'en essayant de se connecter au site que les clients ont compris ce qui se passait. Seuls les comptes payants de MediaMax avaient été migrés vers TheLinkup. Qu'est-il advenu des fichiers des utilisateurs « gratuits » ? Voici la réponse obtenu par l'un des clients « gratuits » du système après avoir contacté le service client : « Merci de nous envoyer votre identifiant utilisateur aussi vite que possible et nous signifier si vous désirez payer afin d'obtenir une mise à jour et récupérer vos données. Notre souscription minimum est de $5,95 par mois. » Aucune autre discussion n'a jamais été possible avec le service client qui a toujours affirmé avoir envoyé des messages d'avertissement concernant ce changement par email. Étrangement, personne n'avait jamais reçu ce message.

Par la suite, les utilisateurs ayant accepté de payer pour récupérer leurs fichiers ont également rapporté des irrégularités, comme des fichiers ayant disparu et d'autres ayant été abimés. Au final, il s'est avéré que l'entreprise derrière le service avait commis une erreur monumentale en supprimant la moitié des fichiers de leurs clients involontairement.

Depuis, Streamload–MediaMax–TheLinkup a fait faillite, et personne n'a jamais récupéré les fichiers qui avaient été perdus. » Cette expérience montre bien qu'il faut être extrêmement méfiant et absolument savoir avec qui vous passez un accord lorsque vous souscrivez à un service de Cloud computing.

En cas de sinistre

La reprise sur sinistre est capitale. Il est fort possible qu'un fournisseur cesse ses activités ou des datacenters peuvent devenir inopérants. Il existe plusieurs cas de datacenters ayant subi des dommages catastrophiques ayant conduit à une interruption d'activités ou de nombreux sites web. En voici quelques exemples listés dans le livre *la sécurité dans le Cloud* de « Vic (J. R.) Winkler » :

- En 2009, un incendie dans un datacenter de Green Bay a interrompu pendant 10 jours la disponibilité de certains sites web hébergés.
- En juillet 2009, une interruption de service chez Fisher Plaza (Seattle) a empêché l'accès à plusieurs sites, dont Bing Travel.
- En 2008, une exposition dans le datacenter « The Plant », à Houstone, a conduit à la déconnexion de 9000 clients pendant quelques jours.
- En 2009, le datacenter de Rackspace à Dallas a subi un disfonctionnement qui a duré un peu moins d'une heure.
- En 2007, une panne dans le datacenter de 365 Main a affecté, entre autre, Craingslit et Yelp.
- En février 2009, le géant Google a fait les frais d'un délestage électrique dans un datacenter, provoquant la perte du service de messagerie chez de nombreux clients. Le problème vient d'une erreur de mise à niveau d'un logiciel.

Tous ces exemples montrent qu'il faut être extrêmement prudent avant de faire un choix d'aller ou de ne pas aller vers le Cloud.

Craintes des informaticiens

Pourtant on pourrait s'imaginer qu'il y'aurait que des avantages à recourir au Cloud pour les informaticiens qui n'auront plus à faire des investissements lourds en matériels et qui verront leurs ressources employées optimisées. N'empêche, ils ont bien des soucis et le principal est la perte de pouvoir.

Certains informaticiens perçoivent le Cloud comme une menace de suppression d'une partie de leur pouvoir. C'est pour cette raison que beaucoup de DSI ne sont pas favorables à ce modèle qui peut être synonyme de réductions de budget et d'effectifs. Le principal argument de la DSI reste alors la sécurité.

La sécurité dans le Cloud

Cette partie devait normalement être incluse dans les sections précédentes mais vu l'importance de la sécurité dans le modèle Cloud, nous décidons d'en faire une partie entière. En réalité, elle représente l'élément fondamental sur lequel les entreprises s'appuient pour prendre leur décision. Et de nos jours beaucoup de personnes pensent que le Cloud n'apporte pas une sécurité adaptée, nous llons voir ce qu'il en est concrètement.

Cloud et Authentification

L'authentification est un moyen d'établir l'identité d'un utilisateur. La grande majorité des fournisseurs de Cloud propose des consoles classiques d'authentification c'est-à-dire par login et mot de passe.

Le problème lié à l'authentification est le fait que les fournisseurs déploient rarement des politiques de mot de passe parce qu'ils cherchent à ne pas compliquer la vie aux clients alors que ces politiques peuvent leurs permettre de limiter les risques de vol de mot de passe et d'usurpation d'identité.

Cloud et Confidentialité

La confidentialité permet de s'assurer qu'une donnée n'a pas été lue par une autre personne non habilitée ou mal intentionnée. Donc elle sert à maintenir les restrictions autorisées sur l'accès et la divulgation des informations, y compris les moyens de protéger la vie privée.

Pour ce qui est de la confidentialité, les acteurs du Cloud utilisent du SSL (Secure Socket Layer) qui a un niveau de sécurité satisfaisant. Mieux, des fournisseurs comme Amazon proposent un chiffrement IPSEC qui permet le chiffrement au niveau de couche TCP/IP (Transmission Control Protocol / Internet Protocol) qui travaille à un niveau plus bas que SSL; donc plus sécurisé comme le montre la figure ci-dessous.

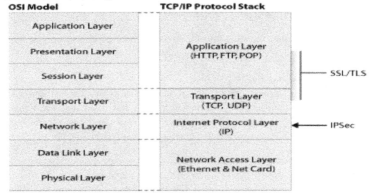

Figure7 : Comparaison IPSEC et SSL ; source : http://technet.microsoft.com

Cloud et Intégrité

L'intégrité des données c'est de s'assurer qu'elles n'ont pas été altérées ou modifiées de manière accidentelle ou mal intentionnée.

Cette problématique est elle aussi gérée, lors des échanges, par SSL et les opérateurs de Cloud disposent aujourd'hui des réseaux de datacenters internationaux qui leurs permettent de répliquer les données sur plusieurs lieux distants ce qui évite des pertes de données en cas de sinistre.

Cloud et Traçabilité

La traçabilité a pour but de déterminer qui a fait quoi, quand et comment. Elle permet donc de générer des traces permettant de suivre le comportement des applications.

Les modèles de Cloud fournissent peu de possibilités en termes de traçabilité des actions utilisateurs. Ils considèrent que la gestion cette tâche est au ressort des équipes internes des entreprises.

Ces quatre points montrent que l'argument sécuritaire sur lequel se base les informaticiens pour refuser le modèle Cloud n'est vraiment pas valable techniquement.

Une méthodologie de déploiement

Points importants pour la prise de décision

Dans cette partie nous allons vous proposer un cheminement en vue d'une prise de décision qui ne doit pas être motivée par un simple souhait de vouloir utiliser des nouvelles technologies de pointes. Cette décision doit donc être fruit d'une longue et sérieuse réflexion qui passe nécessairement par un cadrage des besoins, un état de l'art des solutions disponibles, une étude de tous les cas de risques potentiels etc.

Le passage à ce modèle doit être déclenché par des avantages que l'on pourrait envisager comme : une réduction des coûts d'exploitation, une meilleure disponibilité des applications, etc. D'ailleurs, il est préférable de procéder à une analyse par grille en définissant des critères pondérés sur : le coût de l'abonnement, la sécurité des accès, disponibilité de la solution, cas de sinistre, la confidentialité, le retour sur investissement etc.

En ce qui concerne les solutions éligibles pour répondre au besoin des entreprises, elles sont en pleine expansion. Il est donc nécessaire d'évaluer un bon nombre avant de déterminer laquelle peut correspondre à ses besoins.

La problématique centrale de la décision d'aller ou non vers le Cloud reste la confidentialité qui doit être envisagée sur la base d'une solide analyse de risque et non sur la base des rumeurs laissant croire qu'il n'y a pas de sécurité dans le Cloud.

D'autres problématiques telles que la pérennité de l'opérateur Cloud et les problèmes liés à l'intégration sont à prendre en considération. Et enfin il est fortement recommandé de passer par une phase de pilote pour expérimenter la solution afin de confirmer ou d'infirmer la décision d'aller au modèle Cloud.

Pièges à éviter

Pour ne pas tomber dans le piège des fournisseurs de Cloud, les entreprises doivent questionner les fournisseurs sur tous les plans avant d'envisager de signer un contrat. En voici quelques questions incontournables :

- Pouvons-nous utiliser les services Cloud et pourquoi?
- Quels types de services seraient les plus appropriés?

- Comment s'assurer qu'ils supportent nos objectifs métiers et IT?
- Quels sont les services Cloud qui nous correspondent au mieux?
- Quels seraient les avantages que l'on pourrait obtenir?
- La plateforme Cloud offre-t-elle un ROI satisfaisant ?
- Quelles seraient les modifications à apporter à l'infrastructure?
- Comment pouvons-nous développer une feuille de route pour atteindre nos objectifs Cloud
- Quelles sont vos stratégies de sécurité et de confidentialité?
- Comment sont-elles appliquées ?
- Vos processus sont-ils transparents ?
- Avez-vous reçu des certifications d'autorités externes de confiance ?
- Etes-vous soumis à des audits réguliers ?
- Que se passe-t-il en cas de sinistre ?
- Est-ce que nos données peuvent subir une délocalisation vers d'autres pays ?
- Est-ce que vous permettez d'externaliser des taches fastidieuses hors du cœur de métier comme la messagerie?
- Le modèle Cloud est-il possible dans le secteur d'activité de notre entreprise ?
- L'usage du Cloud risque-t-il de poser des problèmes à nos clients et partenaires ?
- Est-ce que la plateforme facilite-t-elle l'intégration d'applications innovantes ?
- La plateforme Cloud permet-elle de mettre à disposition des utilisateurs des applications plus facilement accessibles ?
- La plateforme Cloud n'introduit-elle pas des contraintes inacceptables pour les utilisateurs (comme impossibilité de travailler hors connexion) ?
- La plateforme impose-t-elle une architecture contraignante pour le SI ?
- Votre dispositif d'authentification est il suffisamment sécurisé surtout pour les tâches d'administration ?
- Est-ce vous proposez un système de délégation de l'authentification au système de l'entreprise ?
- Est-ce que vous proposez un système de sécurité plus homogène que celui de l'entreprise ?
- Est-ce que vous proposez un plan de reprise d'activité ou des pratiques de sauvegarde ?
- Est-ce que vous proposez des traces sur les accès/comportements utilisateurs ?
- Proposez-vous des outils pour récupérer des données/applications ?
- Quel sont vos engagement sur le temps de rétablissement en cas de panne ?
- Que se passera t-il en cas d'indisponibilité de vos services
- Est-ce que les termes de vos contrats respectent les droits européens ?
- Quelles sont les modalités de paiement de vous acceptez ?
- Est-ce vrai que je paye uniquement ce que je consomme ?
- Comment je peux mesurer ce que je consomme ?

- Est il possible d'avoir une suivie de consommation ?
- Etc.

Voilà donc une série de questions importantes sur lesquelles votre futur fournisseur doit apporter des réponses claires, concises, détaillées et satisfaisantes. Et si l'entreprise le souhaite, il doit également identifier les fonctions qu'elles souhaitent continuer à contrôler.

Les étapes à respecter

Si à l'issu de la phase de pilote l'entreprise décide d'aller vers le Cloud, elle doit, de préférence, passer par trois étapes :

3.1 Définir une stratégie Cloud et une feuille de route
Cette phase passe par l'analyse des modèles de déploiement, les options de service et le type d'application. Ensuite il est nécessaire de réévaluer le retour sur investissement attendu et de définir à nouveau un plan stratégique et une feuille de route.

3.2 Préparer l'infrastructure existante au Cloud
La deuxième étape est dédiée à la préparation de l'infrastructure. Ceci se traduit par la virtualisation et l'automatisation des systèmes existants en mettant en place les technologies et services nécessaires au Cloud.

3.3 Démarrage
Pour démarrer, il est fortement plus prudent de cibler des domaines d'application peu stratégiques. Il n'est pas du tout sûr de commencer avec les applications métiers car elles représentent le cœur de l'entreprise, elles sont donc critiques. C'est pourquoi il faut choisir des applications à faible risque et qui échangent moins de flux telles que :

- les applications collaboratives : la messagerie, les calendriers partagés etc.
- les applications de gestion des ressources humaines : édition de feuilles de paie, demande de congés, etc.
- applications de gestion de la relation client : suivi des affaires, calendrier de relance, etc.
- les applications de gestion financière : des centres de coûts, suivi de chiffre d'affaires, etc.

Conclusion de la deuxième partie
Durant la deuxième partie de notre mémoire, nous avons vu en premier lieu le détail des avantages et risques de ce nouveau modèle économique et technique qu'est le Cloud Computing. Dans un deuxième temps, vient une phase d'analyse qui vous a proposé une méthodologie de déploiement décrivant les points importants à prendre en compte, les pièges à éviter et les étapes à respecter. Nous nous proposons maintenant de passer à la conclusion générale étant donné que le travail demandé n'est pas de faire une thèse dessus.

CONCLUSION GENERALE

Il est bon de savoir qu'aujourd'hui les gens n'ont pas les mêmes visions du Cloud Computing. En effet, on peut distinguer très rapidement trois clans :

- Les partisans ; qui soutiennent à tout prix qu'il faut très rapidement passer au modèle Cloud si on veut être parmi les acteurs du marché de demain. Et malheureusement ces gens là risqueront de se mordre les doigts d'avoir sauté le pas trop tôt.
- Nous avons ensuite les opposants ; ceux pour qui le Cloud représente une menace certaine. Et parmi eux on peut trouver les réfractaires au changement ou les entreprises qui auront du mal à effectuer la migration vers ce nouveau modèle.
- En fin il y a les gens qui doutent ; ils ne sont pas encore convaincus du moment où le Cloud comporte beaucoup de points faibles tels que le manque de fiabilité, manque de contrôle, etc.

Selon donc la position des uns et des autres, chacun essaye de convaincre son semblable d'aller ou non vers le Cloud. Les entreprises doivent donc faire la part des choses et appuyer leur choix sur des études sérieuses, comme décrites en haut, et non pas sur la position des gens.

À la question, « Faut-il cloudifier les applications des entreprises ? », cela dépend vraiment des entreprises. J'aurai tendance à répondre par « oui » et « non » à la fois.
Oui, dans la mesure où tout le nécessaire a été fait. L'entreprise doit non seulement passer par toutes les étapes décrites par la méthodologie proposée en haut, mais elle doit aussi :

- Négocier tous les termes du contrat en sa faveur y compris et surtout l'aspect juridique et les lieux de stockage des données;
- Opter pour une délégation d'authentification qui sera donc gérée en interne;
- Choisir un opérateur pérenne et qui propose le mode hors connexion afin de s'assurer la continuité des activités de l'entreprise en cas de non accès à l'internet;
- Choisir un opérateur qui offre des outils permettant de gérer la traçabilité et la reversibilité afin d'avoir un œil sur qui a fait quoi et de se préparer à une éventuelle panne.
- Ne pas passer au Cloud public surtout pour les applications métiers.

En voici ci-dessus, pour nous, les conditions nécessaires qu'il faut vérifier pour pouvoir sauter vers cette nouvelle philosophie.

Dans la mesure où une de ces conditions n'est pas réalisable, nous conseillons aux entreprises de ne pas migré vers le Cloud.

Nos propositions de solutions ou de conseils vont à l'endroit des fournisseurs de Cloud et les entreprises.

Pour les opérateurs de Cloud, ils feraient mieux de revoir les aspects sécuritaires. Par exemple, pour l'authentification, qu'elles déploient des politiques de mot de passe beaucoup plus régulières soit en proposant des changements de mot passe tous les mois avec une interdiction de réutiliser un mot de passe déjà utilisé. Aujourd'hui même dans les banques on peut réutiliser un mot de passe pour la gestion des comptes en ligne car depuis presque deux ans j'utilise que deux mots de passe pour gérer en ligne mon compte BNP. Ensuite nous pensons que certaines grandes entreprises ne trouveront pas leur bonheur dans ce nouveau modèle de service à cause de la loi « Patrio Act ». En effet, Actuellement les géants de ce domaine sont des américains qui sont obligés de respecter cette loi alors que certains grands groupes ne veulent pas prendre le risque de permettre aux l'Etat américain d'accéder à leurs données. Ceci montre davantage qu'il reste beaucoup de chose à voir dans ce modèle.

Pour les banques, nous pensons qu'il est extrêmement imprudent pour eux d'externaliser leurs applications informatiques. En effet, l'informatique est indispensable à la transaction financière qui constitue le cœur de métier des banques. Et comme on l'a dit précédemment, il serait risqué pour une entreprise de passer ses applications métiers au Cloud.

Pour les entreprises et surtout les grands groupes, la solution que nous leurs proposons c'est d'être attentif car à l'heure actuelle tout reste à faire. Le marché du Cloud Computing est pour le moment très jeune, il reste beaucoup de place pour toutes sortes d'innovations et encore de nombreux challenges à relever et on ne saurait pas répondre à la question le Cloud Computing est-il seulement l'avènement du moment pas ?

Bibliographie

1. Enterprise Software Licensing And Pricing Update, Q2 2009
http://www.maximumerp.co.il/uploads/files/Enterprise%20Software%20Licensing.pdf

2. *Use of Cloud Computing Applications and Services*, 2008
http://www.pewinternet.org/~/media/Files/Reports/2008/PIP_Cloud.Memo.pdf.pdf

3. Livre de VIC (J.R.) Winkler
La sécurité dans le Cloud : Technique pour une informatique en nuage sécurisée
http://www.eyrolles.com/Informatique/Livre/la-securite-dans-le-Cloud-9782744025099 (livre acheté)

4. Livre de Kenneth HESS et Amy NEWMAN *Virtualisation en pratique*
http://www.renaud-bray.com/Livres_Produit.aspx?id=1081943&def=Virtualisation+en+pratique%2CHE
SS%2C+KENNETH%2CNEWMAN%2C+AMY%2C9782744024108 (livre acheté)

5. Livre de AFDEL (Association Française des Editeurs de Logiciels)
http://www.afdel.fr/iso_album/extrait_livre_blanc_afdel_-_Cloud_computing_une_feuille_de_route_pour_la_france.pdf

6. Livre blanc de SYNTEC
http://www.syntec-numerique.fr/Bibliotheque/Livres-Blancs-Cloud-Computing

7. Livre de Guillaume PLOUIN
Cloud Computing : Une rupture décisive pour l'informatique d'entreprise
http://www.amazon.fr/Cloud-Computing-d%C3%A9cisive-linformatique-dentreprise/dp/210056319X

8. Livre Blanc « *Cloud Computing* » de Maurice Audin de Bearstech.
http://bearstech.com/old/files/MA-Livre_Blanc_Cloud_Computing.pdf

9. Livre Blanc « *Cloud Computing* » écrit par Saugatuck Technology
http://download.sczm.t-systems.de/t-systems.fr/fr/StaticPage/77/07/74/770774_White-Paper_Cloud%20Computing-ps.pdf

10. The future of Cloud Computing : *OPPORTUNITIES FOR EUROPEAN CLOUD COMPUTING BEYOND 2010* http://cordis.europa.eu/fp7/ict/ssai/docs/Cloud report-final.pdf

11. Livre blanc de l'école polytechnique universitaire de Lyon1
http://veille.epu-lyon1.fr/2010/stockage-Cloud/document/livre_Blanc.pdf

12. Livre blanc solution Cloud privé de Microsoft
http://toolbox.itnewsinfo.com/genform/v2/recompense/Livre-blanc-Solutions-Cloud%20Prive-Microsoft_Decembre2011705.pdf

13. Virtualiser ou ne pas virtualiser
http://www.pearson.fr/resources/titles/27440100649500/extras/2410_chap01.pdf

14. Livre blanc « Cloud Computing et confidentialité » Microsoft, Novembre 2009
http://www.microsoft.com/fr-fr/security/resources/securite-Cloud-computing.aspx

15. Livre blanc « La protection de la vie privée à l'ère du Cloud Computing - Le point
de vue de Microsoft », Microsoft, Novembre 2009
http://www.microsoft.com/fr-fr/security/resources/securite-Cloud-computing.aspx

16. Livre blanc « Le Cloud en toute confiance » Septembre 2010
http://www.leslivresblancs.fr/informatique/Cloud-computing/livre-blanc/le-Cloud-
en-toute-confiance-781.html

Wébographie

http://aws.amazon.com/fr/application-hosting/

http://www-935.ibm.com/services/fr/gts/Cloud/avantages-Cloud-computing.html

http://www.google.com/apps/intl/en/business/Cloud.html

http://www.salesforce.com/fr/Cloudcomputing/#more

http://www.microsoft.com/france/entreprises/decideur-it/Cloud/

http://www.gartner.com/it/page.jsp?id=1763814

http://www.linformaticien.com/dossiers/windows-azure/id/20827/pageid/11550/windows-azure-le-Cloud-de-quoi-parle-t-on-exactement-une-definition-du-Cloud.aspx

http://www.rackspace.com/Cloud/Cloud_hosting_products/servers/

http://www.developpez.net/forums/f1519/logiciels/solutions-dentreprise/Cloud-computing/

http://www.datacenterknowledge.com/archives/2009/02/16/how-microsoft-defines-Cloud-computing/

http://aws.typepad.com/aws/2010/01/new-whitepaper-architecting-for-the-Cloud-best-practices.html

http://www.beet.tv/2009/02/microsoft-bootstrapping-startups-with-software-and-services-in-60-countries.html

http://www.microsoftstartupzone.com/Blogs/the_next_big_thing/Lists/Posts/Post.aspx

http://www.lemondeinformatique.fr/livre-blanc/thematique-Cloud-computing-8-page-1.html

http://Cloud-computing.developpez.com/

http://www.developpez.net/forums/f1519/logiciels/solutions-dentreprise/Cloud-computing/

http://www.developpez.net/forums/d1066840/logiciels/solutions-dentreprise/Cloud-computing/sera-Cloud-demain-selon-intel-sera-Cloud-2015-progres-restent-faire/

http://www.developpez.net/forums/d876297/logiciels/solutions-dentreprise/Cloud-computing/Cloud-computing-plus-risques-davantages-developpeurs-francophones-responsables-it/

http://www.lemondeinformatique.fr/actualites/publi_info/optimisation-du-systeme-d-information-avec-le-Cloud-et-maitrise-du-budget-4.html
http://fr.wikipedia.org/wiki/Informatique_dans_les_nuages
http://www.learncomputer.com/category/Cloud-computing/

http://www.microsoft.com/france/windows-azure/fonctionnalites/default.aspx

ANNEXES

L'activité en entreprise

L'entreprise d'accueil
Nom :   CACEIS BANK
Activité :   Banque
Adresse :   1-3 Place Valhubert 75013 Paris
Tel :   01 57 78 00 00
Département :   Valeurs Mobilières
Service :   Support Métiers

CACEIS, filiale du groupe Crédit Agricole, CACEIS est un groupe bancaire dédié à une clientèle d'institutionnels et d'entreprises. Premier acteur du marché français, CACEIS est aussi l'un des leaders mondiaux de l'Asset Servicing. A travers un large réseau, en Europe, en Amérique du Nord et en Asie, CACEIS propose une gamme complète de produits et services : banque dépositaire-conservateur, administration de fonds, services aux émetteurs.
Le département « Valeurs Mobilières » assure l'ensemble des fonctions de gestion conservatoire (gestion des Opérations Sur Titres, des Assemblées Générales, paiements de coupons/remboursements et gestion de la fiscalité appliquée) et de Règlement-Livraison.

Le maître d'apprentissage
Nom :   MASSACRE
Prénom : Vincent
Fonction : Responsable Adjoint Valeurs Mobilières en charge des stocks
Département : Valeurs Mobilières

Résumé des travaux proposés par l'entreprise
Les travaux proposés s'articulent autour de la conception et le développement de nouveaux applicatifs, notamment :
- ✓ un logiciel de gestion des annonces d'Opérations-Sur-Titres qui devrait permettre aux gestionnaires de dossiers de gagner en productivité/efficacité au niveau de la création des annonces, de capitaliser sur les annonces existantes, optimiser l'accès aux informations, standardiser et sécuriser la rédaction des annonces, éviter toute omission d'information, conserver des pistes d'audit, centraliser les templates (suppression des répertoires personnels dédiés aux annonces).
- ✓ Et un autre logiciel permettant d'optimiser les statistiques du service Coupons/Remboursements et du département Valeurs Mobilières.

Avant mon arrivée
Avant mon arrivée à l'entreprise, la création des annonces d'Opérations Sur Titres se faisait manuellement à l'aide des textes de base qui sont stockés dans des répertoires différents et qu'il fallait compléter avec d'autres données pour créer une annonce.
En ce qui concerne les statistiques, elles sont obtenues grâce à des filtres qui se font sur le tableur Excel.

Résumé des travaux effectués en entreprise

Les travaux effectués en entreprise sont sensiblement identiques aux missions proposées, entrecoupés de travaux ponctuelles selon différents évènements intervenant au cours de l'année (calcul de statistiques, mise à jour fichiers des clients de Luxembourg, développement d'une application pour la gestion des instructions permanentes etc).

Les travaux décrits ci-dessus, réalisés en quasi totale autonomie, m'ont offert une visibilité sur d'autres technologies qui ne sont en principe pas traités par notre formation et à fortiori complémentaires, notamment la création d'applications multi-utilisateurs sous VBA–ACCESS. Cependant, j'ai travaillé plusieurs fois avec les gestionnaires de dossiers afin qu'ils m'expriment leurs besoins et que je puisse moi aussi rédiger le cahier des charges. Pour plus de détails voici ci-dessous un bref planning des travaux effectués.

Résumé détaillé des travaux réalisés

Périodes	Activités
Mois d'Aout	• Entretiens avec les différents responsables des pôles du service Opérations Sur Titres pour recueillir leurs besoins • Documentation sur l'activité de l'entreprise • Apprentissage de SharePoint • Apprentissage de VBA-ACCESS • Rédaction du cahier des charges version V.01 • Spécifications fonctionnelles et techniques • Modélisation et création des bases de données dorsales et frontales. • Calcul des statistiques pour le service • 9 réunions
Mois de septembre	• Rédaction de la version V.02 du cahier des charges • Mise à jour de la base de données • Alimentation de la base de données avec les templates • Début du développement • Une première version V.01 de l'outil GESTANNONCE disponible • Présentation de la maquette de l'application GESTANNONCE • Une nouvelle réorientation du sujet avec pré-remplissage des annonces • 8 réunions
Mois d'octobre	• Phase de développement • Modification de la base de données pour tenir compte du pré-remplissage • Des travaux avec les chefs de pôles pour les besoins du pré-remplissage des annonces • Présentation de l'état d'avancement des développements

	• Une version V.02 de l'outil GESTANNONCE, avec pré-remplissage des annonces standards, disponible pour le pôle ESES France • Ajout de nouvelles fonctionnalités pour le pôle ESES France • 8 réunions
Mois de novembre	• Phase de développement • Une version V.03 de l'outil GESTANNONCE, avec pré-remplissage des annonces complexes, disponible pour le pôle ESES France • Une version V.04 de l'outil GESTANNONCE, avec pré-remplissage des annonces standards et complexes, disponible pour tous les pôles sauf INTER2 • Présentation de l'outil GESTANNONCE • Mise à jour de GESTANNONCE suite à la présentation • Réunion pour l'état d'avancement des modifications à apporter • Réunion avec la responsable du service Coupons/Remboursement pour parler de mon deuxième sujet de stage. • Début de rédaction du guide d'utilisateur • Phase de test de l'outil GESTANNONCE • Début du déploiement de GESTANNONCE sur les postes du pôle ESES France • Formation des gestionnaires du pôle ESES France • 11 réunions
Décembre	• Guide utilisateur disponible • Déploiement de l'outil sur les autres pôles • Formation des gestionnaires des pôles ICSD et INTER1 • Mise en production de GESTANNONCE dans les pôles ESES, INTER1, ICSD • Maintenance de l'outil / correction de bugs • Alimentation de la base de données pour intégrer les templates du pôle INTER2 dans GESTANNONCE • Mise à jour de l'outil pour intégrer les fonctionnalités demandées par INTER2 • Mise en production de GESTANNONCE dans le pôle INTER2 • Des séances de travail avec la DSI, le service Support métier, le service Informatique de proximité et le service FL Bureautique pour des besoins de mon deuxième sujet portant sur les statistiques du département Valeurs Mobilières. • Création des bases de données dorsales et frontales • Mise à jour de GESTANNONCE pour intégrer d'autres templates de l'INTER2 • L'outil sur les statistiques mis en attente suite à un autre besoin plus urgent

	• Réunion d'urgence pour la mise en place d'une nouvelle application VIP (Visualisation des Instructions Permanente) pour la gestion des standing Instructions, destinée au pôle Gestion des Relations Opérationnelles (GRO) • Début de l'application VIP • Première version de VIP disponible avec le guide utilisateur • 11 réunions
Janvier 2012	• Mise à jour de VIP avec une nouvelle contrainte à tenir compte sur les lieux de dépôt. • Version V02 de VIP disponible avec l'envoi automatique des mails aux différents gestionnaires des 4 pôles • Formation des utilisateurs de GRO sur l'outil VIP • Mise à jour de VIP avec séparation des mails automatiques • Mise à jour de GESTANNONCE avec ajout de nouveaux templates • Version finale de VIP disponible avec une modification de l'interface • Réunion avec la DSI pour l'outil sur les statistiques • Assistance utilisateurs pôle ICSD pour GESTANNONCE • Début de développement de l'outil des statistiques • 7 réunions

Les perspectives ouvertes

Dans le but d'éviter une panoplie de logiciels pour un même département, il serait intéressent de penser à :

- ✓ L'intégration de GESTANNONCE dans le logiciel PICASSO dont une de ses tables est utilisée dans la base de données de GESTANNONCE

- ✓ La transformation de GESTANNONCE en une application web ce qui va favoriser son intégration dans l'intranet ou l'ajout de nouvelles fonctionnalités plus dynamiques.

- ✓ L'intégration de VIP dans LAPREL ou COST. En effet

    - o VIP utilise des extractions de COST pour créer le fichier des instructions permanentes du jour et celui de la liste des clients à relancer.

    - o LAPREL utilise le fichier 'liste des clients à relancer' créé pour relancer les clients par mail.

L'environnement technologique et mise en œuvre des enseignements reçus

Matières	Technologies manipulées en	Technologies enseignées à

	entreprise	l'université
Système d'exploitation	Windows XP Professionnel 2002	
Logiciels	Office 2010-PowerAMC- Paint	StarUML- PowerAMC-
Conception	UML	UML
Langages informatiques	VBA - SQL	Java – AJAX – Effeil -
Bases de données	DB2 (de IBM) et ACCESS	MySQL
Autres technologies		XML

Bilan

Savoir être et savoir-faire:

Personnellement, ce stage m'a permis d'intégrer une structure bancaire très dynamique travaillant sur de grands projets. Ça a été l'occasion pour moi de mettre en pratique une grande partie de mes connaissances acquises durant mes deux années de master. Ce stage m'a aussi permis d'améliorer mes méthodologies organisationnelles pour mon travail pour faire face aux contraintes de temps et à l'obligation de productivité. Il en est de même de mes qualités rédactionnelles, de mes efforts de synthèse et de mes aptitudes de gestion de projet. Avec **54 réunions** pour seulement une durée de 6 mois, mon stage m'a amené à collaborer avec une multitude d'acteurs et à mettre à l'épreuve mes attitudes à communiquer sur mes avancées et sur des propositions de solutions. Enfin, un point non moins important est le bon développement de mon côté relationnel au sein d'une ambiance de groupe conviviale et favorisant l'épanouissement de la personne.

Questions relatives aux C2I

Question relative au D2

Question Q3 : Identifier les risques liés à une absence de politique de sécurité dans une entreprise.

La Politique de sécurité est un document de référence pour assurer la sécurité des systèmes d'information. Elle présente donc, de manière ordonnée, les règles de sécurité à appliquer et à respecter dans l'entreprise.

Donc il est bien clair que cette politique de sécurité est un point d'entrée de tout plan de sécurité. Du coup, son absence peuvent entrainer des conséquences remarquables telles que :

- Une absence de consignes et de procédures pour assurer la sécurité des systèmes d'informatiques.
- Une absence de sensibilisation aux risques pesant sur les systèmes d'information
- Une absence de définition des actions à entreprendre et les personnes à contacter en cas de détection d'une menace

Son absence traduit simplement le fait que l'entreprise n'accorde pas une importance à sécurité de son système d'informatique.

Question relative au D3

Question Q3 : Si vous avez participé à la création d'un cahier des charges ou d'un cahier de recette, expliquez votre rôle ainsi que votre démarche.

Dans le cadre de ma première mission en entreprise, j'ai été amené à recueillir les besoins des collaborateurs afin de rédiger un cahier des charges à faire valider par mes supérieurs avant de pouvoir commencer le codage. Mon rôle était donc de rédiger un cahier des charges à partir de besoins exprimés par les gestionnaires et responsables de pôles. Pour mener à bien cette mission, la démarche qui a été utilisée est celle dite normalisée et qui passe par trois étapes :

- L'introduction au problème posé

Dans cette partie nous avons bien défini le projet en expliquant en quoi il consiste et surtout ses objectifs et cibles. Durant cette étape, j'ai été accompagné et aidé par mon maître de stage, Vincent Massacré.

- L'expression fonctionnelle du besoin

Sur cette partie nous avons décrit, avec les gestionnaires et responsables de pôles, toutes les fonctions qu'on attend du logiciel en énumérant aussi les contraintes.

- Les solutions proposées

C'est au niveau de cette partie que nous avons proposé des solutions pour la réalisation des fonctionnalités décrites sur la partie précédente.

www.ingramcontent.com/pod-product-compliance
Lightning Source LLC
LaVergne TN
LVHW042129070326
832902LV00035B/512

Notre livre s'intéresse au Cloud Computing ou l"informatique dans les nuages qui semble être l"avenir de l"informatique vu que le nombre d"entreprises qui se sont déjà positionnées sur le Cloud ne cesse de s"accroitre. L"objectif de notre étude est de voir si effectivement ces entreprises devront faire confiance à cette nouvelle technologie, qui préconise le « tout en ligne » et la délocalisation de masse des systèmes d'information, en externalisant leurs applications. Nous allons nous attarder successivement sur le Cloud Computing : ce qu'il est, d"où il vient, ses bases informatiques, à quoi il sert. Ensuite nous nous proposons d"étudier en détails ses avantages et ses inconvénients pour finalement en arriver à une phase d"analyse qui permettra aux entreprises de pouvoir bien faire leur choix d"aller ou de ne pas aller vers ce nouveau modèle qui repose sur l"hypothèse que son existence en entreprises est économique et qu"il permet d"améliorer la qualité des services informatiques.

Serigne Ba
Né en 1984 à Mbacké, au Sénégal, je suis un ingénieur en Gestion de projet IT et Système d'information. Je suis titulaire d'un master 2 en Méthodes Informatiques Appliquées à la Gestion des Entreprises (MIAGE) à l'université René Descartes de Paris V.

978-613-1-51988-8